# ABCD DES ENFANTS SAGES.

PELLERIN & Cie à EPINAL. Déposé. N° 2.

Les malheurs d'une poupée.

## ALPHABET.

A B C D E F G H
J K L M N O P Q R
S T U V X Y Z.
1 2 3 4 5 6 7 8 9 0

| ba | be | bi | bo | bu | ma | me | mi | mo | mu |
| ca | ce | ci | co | cu | na | ne | ni | no | nu |
| da | de | di | do | du | pa | pe | pi | po | pu |
| fa | fe | fi | fo | fu | ra | re | ri | ro | ru |
| ga | ge | gi | go | gu | sa | se | si | so | su |
| ha | he | hi | ho | hu | ta | te | ti | to | tu |
| ja | je | ji | jo | ju | va | ve | vi | vo | vu |
| ka | ke | ki | ko | ku | xa | xe | xi | xo | xu |
| la | le | li | lo | lu | za | ze | zi | zo | zu |

## VACHE
### LAITIÈRE

Le lait de la VACHE sert à faire de la *crême, du fromage* et du BEURRE.

## LE COQ ET LES POULES.

EN ÉTÉ LE

### Chant du COQ

Coque..ri..co..

Commence à deux ou trois heures du matin, et en hiver à dix ou onze heures du soir.

# LA SENTINELLE

SOLDAT PLACÉ dans un poste La nuit la SENTINELLE crie *Qui Vive!* et vous force à passer au large.

**LA FERMIÈRE**
trait sa Chèvre
pour porter son
lait à la ville.
LE LAIT
de la CHÈVRE est très-bon pour
les petits Enfants.

On avait donné à Lucie une fort jolie poupée qui disait: Papa, Maman.

Lucie invite ses amies à venir admirer la belle petite demoiselle.

Lucie aimait tant sa poupée qu'elle couchait avec elle et l'appelait sa fille.

Le papa de Lucie lui dit : chaque fois que tu pécheras, la poupée souffrira.

Lucie promet d'être sage et le même jour elle s'emporte contre sa bonne.

La petite fille voit avec désespoir qu'il manque un bras à sa poupée.

Elle va se jeter dans les bras de sa maman et lui confier ses chagrins.

Sa douleur augmente lorsqu'ayant oublié ses leçons elle trouve sa poupée sans bras.

Huit jours après, la poupée n'avait plus ni bras, ni jambes, ni tête ; on l'expose à la fenêtre.

Le médecin de la famille appelé, déclare qu'il n'y a plus de remède.

Lucie va cacher ses larmes et son désespoir dans un coin reculé.

Le père dit à sa fille: si tu veux être sage, ta poupée ressuscitera

Lucie jure d'être obéissante, laborieuse, douce, aimable et polie. — Elle étudie ses leçons, fait ses devoirs et devient très gentille.

Lucie en s'éveillant, trouve à ses côtés sa poupée belle comme autrefois.

L'enfant va montrer cette merveille à son papa et à sa maman.

www.ingramcontent.com/pod-product-compliance
Lightning Source LLC
Chambersburg PA
CBHW060615050426
42451CB00012B/2269